그땐 내가 먼저 말할게

강일규 시집

상상인 시선 036

그땐 내가
　먼저 말할게

• 저자의 의도에 따라 작품의 보조 동사와 합성 명사는 띄어쓰기가 달라질 수 있습니다.

• 본문 페이지에서 한 연이 첫 번째 행에서 시작될 때에는 〈 표기를 합니다.

시인의 말

빗소리 좋아하는 거 여전하지?

봄비 아니면 어때
가을비도 괜찮아

비의 작은 말도
같이 들을 수 있어 다행이야

애썼어

2022년 10월
강일규

■ 차 례

1부 나는 물로 키우고, 당신은 입김으로 키우고

불씨	19
세상 물정 모르고	20
미역국	22
거미의 집	24
정곡	25
칼국수	26
봄	28
여름	30
월요일	32
바닥	34
시클라멘	36
한 켤레의 구두	38
물론論	39

2부 여름 보내고 돌아서면 여름이라 했다

환생	43
남다른 재주	44
말의 경주	46
울림의 파장	48
상촌	50
혹,	51
밥심	52
천덕	54
고유번호	56
초경	58
불황	59
활어	60
약발	61

3부 슬픔은 건들지 않아도 슬프다

숫돌	65
그믐	66
핑계의 핑계	68
다행이다	69
토하	70
가시연	72
임종	74
불꽃놀이	75
불안불안 재계약	76
쉿	78
이월 중	80
어제는 클린업 타자	82
양말	83

4부 오독하면 헛웃음이 되는 문장들

복어	87
술래잡기	88
겨울 민들레	90
기일	92
애기동백	94
물고기의 등급	95
만두	96
우리도 사진 한 번 찍어 볼까요?	98
꼬리의 진화	99
아내의 달력	100
세 번째 화살	102
일기	104
립싱크	105

해설 _ 연민과 구휼救恤의 사랑의 시학　　　107
유종인(시인)

1부

나는 물로 키우고, 당신은 입김으로 키우고

불씨

  태초에 사람들은 불을 꽃이라 불렀다지 꽃으로 화덕을 피우고 밤을 밝혔다지 불이 꽃을 넘어서면 더 이상 꽃이 아니었다지 바람의 등에 올라타 바위의 속살을 뒤집다가 들을 태우고 숲을 집어삼켰다지 바람에 찔리고 그을음에 긁힐수록 빛의 속도로 내달렸지 돌이킬 수 없는 길을 만나 하얗게 죽었다지 가끔은 불의 박물관에서 뛰쳐나와 LED 화면 속에서 형형색색의 빛으로 변화하지만 그 불은 불꽃처럼 타오를 수 없었다지

  씨가 없어 차마 꽃이라 부르지 못하고

세상 물정 모르고

저수지 가장자리에 핀 노랑어리연을 보러 갔다가

*누가 뭐래도
낚시의 손맛은 짜릿함이지*

물 좋은 날이면 잡히는 게 붕어고 월척이라는 삼자대면이 불가능한 사자(四字) 낀 꾼들의 말을 엿듣는다

붕어는 머리와 몸통의 경계가 모호하니 생각이 없고 온 길과 가는 길이 달라 어디다 던져도 잘 걸려든다고도 했다

여러 개의 낚싯대를 던져놓고 찌를 응시하는 꾼들
찌가 일자로 솟아오르고 꾼의 능수능란한 챔질에

낚였다

끌려오며 온몸으로 수면을 쳐다보지만 이미 붕어에겐 늦은 일
입에 걸린 바늘을 거꾸로 보고서야 의문의 부호가 풀렸겠지만

〈
저 어둔魚鈍한 것
붕어 대가리 소리 들을 만했다

미역국

산부인과 병원 근처엔 혼자 우는 울음이 많다

팔을 벌리고 부를 이름이 없어
한낮에도 울음이 바람을 끌어안고 멸망을 낳는다

저만치 뒤따라오던 아내가
전봇대를 붙잡고 이름 없는 이름을 부르며 울고 있다

미안
미안

건너편 정류장에서도
한 여인이 어리어리한 앳된 딸아이를 끌어안고 있다

괜찮아
괜찮아

대기실에서 마주쳤던
한 남자와 한 남자가 보호자란 인연으로
눈빛이 스칠 때마다 놓친 연과 놓은 연을 위로했다

〈
아내의 울음이
자궁 밖으로 다 빠져나가길 기다렸다가

돌아오는 길에
소고기 반 근을 샀다

거미의 집

집 짓기는 첨단 장비로 설계한 도면과
숙련된 기술자에 의해 진행된다

건설적 제원의 단위는 평방미터지만 실재적 가치의 효용성으로 해당 부처의 묵인하에 평수를 승인받았다

자신의 몸에 하루치 먹이의 무게를 합산하여 줄의 굵기와 간격을 산출했다
· 바람의 무게를 감안하여 칸칸 기둥을 세우고 줄줄 횡목을 엮었다

집에 대해 전투적 효용성을 강조한다면
남향이나 조망권은 논하지 않는 게 낫다

바닥을 기던 배에 힘이 들어가면
동물적 본능으로 전투는 모든 지역으로 확산되고
그의 노련한 전투력은 한 치의 오차도 없이
먹잇감의 숨통을 수시로 당겨왔다

만약 거미가 아니었다면
안전성에 대해선 오리발을 내밀었을 것이다

정곡

　비행을 멈출 수 없는 生들이 실종되었다 비행 소문이 거미의 주변을 맴돌았고 가늠할 수 없는 목숨은 많았다 날아오름과 날아감 사이에서 과녁이 흔들리면 한순간 허공도 흔들렸다 줄을 잡았다가 그 줄에 걸려들어 또 하나의 목숨이 저울질당하고 있다

　정곡이란 애초부터 없는 것이다

칼국수

국시 밀어 줄 터니 묵고 가거라

찬바람 부는 퇴근길에 어머니 전화를 받았다
치매기로 깜빡 정신 놓으셨나 걱정되어
급히 차를 돌렸다

두툼한 면에
감자 애호박 듬성듬성 썰어 넣고 끓인
칼국수 한 그릇 내놓으시며

국시 좋아하는 것이 어찌 그리 지 아버지랑 똑같누
그래서 피는 못 속인다 안 카나

여러 자식 중에
딸 하나 있었다면 그 딸이 나였다면
바지락 새우 미더덕 한 움큼 넣고
시원한 해물칼국수 한 그릇 끓여 드렸을 텐데

늦은 밤
이부자리 펴 드리고 소곤소곤 딸 노릇 하다가

잠든 어머니 두고 슬그머니 방문을 나서는데

세상에 끼니 거르고 묵는 나이 어디 있다냐?
마이 묵고 얼렁 커야제

발걸음이 문지방에 걸려 넘어졌다

봄

응, 왔어!

한 사람이 내게로 왔다

마루에 걸터앉아 햇볕 좀 쬐다 점심 먹자 된장국 끓여 줄게 냉이는 늦었고 쑥은 좀 일러 이맘때는 시래기가 제맛이야

김장독 김치맛 좀 볼래? 네가 가져온 돼지고기로 김치찌개 해 줄게 바람은 좀 차가워도 뜨끈한 국물 들이켜면 봄이야

올 때 생각했던 말이 갈 때 생각나지 않는다고? 그럼 갔다가 생각나면 다시 와 쑥 뜯어 놓고 기다릴게 네 형편다 아는데 그땐 아무것도 들고 오지 마

그냥 와

그때도 차마 입이 떨어지지 않으면 또다시 오면 되지 뭐
〈

개나리 벚꽃 연신 피고 지고 진달래 지천일 텐데 하룻밤 자고 가 저녁에 화전 부쳐 먹으며 얘기나 하게

그땐 내가 먼저 말할게

여름

연락 좀 하고 오지 그랬냐는 말에 오고 갈 때는 말 없는 게 좋은 거라 말하는 동안에도 덥고 뜨거웠다

뜨겁지?

집 나설 때 우산과 양산 중 하나를 선택해야 했던 일보다 지금은 젖은 옷을 벗는 게 쉬울 것 같았다

너도 뜨겁지?

한낮의 소나기로 잠시 열기를 식히는 듯했지만 우리는 뜨거웠다 나의 종잡을 수 없는 예보에 녹음이 짙어지고 먹감나무꽃 진 자리에서 밤새 여름은 자랐다

무럭무럭

사주에 남쪽을 조심하라는 말이 떠올라 살펴보니 더위의 시작도 하필 남쪽이란 게 걸리고 태풍이 북상한다는 말도 남쪽에서부터였다

〈

언제 갔냐고 불쑥 가버리면 어떻게 하냐고 말했지만

그래도 나의 변덕이 다행인 것은
뒤끝이 없어서다

월요일

주말 내내 월요일만 기다린 어머니는 먹다 만 밥상을 윗목으로 밀치고
 요양보호사로 할 일이 많다는 나를 자꾸 아랫목으로 끌어당긴다

 내가 잔돈을 바꾸기 위해 사 온 강냉이 튀밥을 봉지 째 풀어 젖히며
 침침한 눈으로 화투판을 펼쳤다

 맞고는 도박도 아니라는 말을 믿으며

 비광 말고 쌍피 먹고 피박 면해요

 내 평생 광 한번 못 내본 껍데기 인생인디 못 먹어도 광이야

 튀밥의 고소한 맛에 손이 연신 봉지로 향했지만 먹어도 껄끄러운 뒷맛만 남아 개운치가 않았다

 어머니, 똥 쌌어요

〈
지랄하네 밭에 거름 주다 밟은 똥보다 더 고약하네

똥 싼 걸 다시 거둬들이는 어머니에게

다리도 불편하고 먹어 줄 식구도 별로 없는디 올봄엔 텃밭이나 쪼끔 짓고 말아요 했더니

땅속에 들어가면 어차피 썩어 문드러질 몸인디 하는 데 꺼정 해봐야지 하시며 쓰리고를 외쳤고

누군가 잔돈을 다 잃어야 끝나는
입이 먼저 중독된 우리는

바닥

그가 아파트 외벽에서
시안의 원형 문자를 펼치고 있다

줄은 위에서 아래로 흔들리고 바람에 맡긴 몸은 좌우로 흔들린다 두 발을 벽에 밀착하고 시선은 완만한 곡선을 향해 있다

안료의 냄새가 안구를 자극할 때 도료의 색은 흐릿한 구름이 되고 새들이 옆을 지나 날아오른다

저 아래 바닥이란
애써 외면하고 싶은 직선

줄에 매달려 형형색색의 붓질로 면벽수행하며 가끔은 발밑의 세상을 내려다볼 때도 있었는데

소리 소문 없이 블랙홀에서 사라지듯
한순간 아득한 소실점으로 지워졌다

오늘은 305호 병실 침대에 누워

천장을 향해 붕대 감긴 발로 연신 헛발질을 한다

이 견고한 바닥이 싫어서

시클라멘

베란다에서 시클라멘을 키우는 것은
겨울 햇살로 꽃의 무늬를 수놓는 일이라 했다

시클라멘은 햇살의 온기로 꽃 하나가 피고 지면 또 다른 꽃대가 올라온다 했다 꽃이 피지 않으면 여름이라 했다

나는 물로 키우고
당신은 입김으로 키우고

물을 많이 주면 뿌리가 썩어요! 라는 핀잔에 가끔은 물을 빼 버리기도 했다

들어올 땐 싱그럽고 빠질 땐 뜨끈한 바람이 문틈을 들랑거렸다 그 바람이 꽃을 피운다 했다 그녀처럼

화분에 젖꼭지만 한 붉은 꽃망울이 맺혔다

한겨울에 이토록 화사한 꽃을 피웠으니 우리는 우리의 할 일을 다 했다는 생각이 들었다 꽃향기를 맡으며

〈
고개를 빳빳이 세운 저 시클라멘도
꽃이 필 때는 아플 거라 했다

한 켤레의 구두

신발장 맨 위 칸
낡은 구두 한 켤레 있다

오랫동안 발을 맞춰본 적 없어 주인의 첫걸음이 왼발인지 오른발인지 자신의 색이 회색인지 검은색인지 모른다

시멘트 냄새와 뒷굽의 바깥이 심하게 닳은 모양으로 주인의 직업과 팔자걸음을 짐작케 한다

공사장을 오가며 복용하던 약 기운이 떨어질수록 그의 얼굴은 까매지고 걸음은 갈지자로 비틀거렸을 것이다

그가 걸어온 길의 행적은
어느 신발도 가늠할 수 없는 신의 영역

그는 떠나기 전 신에 대한 예의로 검게 불광을 내고 풀린 끈을 잡아매고 납작한 코를 세워 신발장 맨 위 칸에 가지런히 놓았을 것이다

오늘 밤
아버지 다녀가신다

물론論

 산기슭에서 슬금슬금 발원을 했어 세상사 흐름을 따르다 돌부리에 채이거나 낭떠러지에 몸이 던져지기도 했어 그럴 때마다 물은 물끼리 몸을 섞어 둥글게 뭉치거나 휘돌며 낮은 데로만 임했어 누군가는 이 물의 진술을 수평의 기록지에 받아 적기도 했지 물푸레나무 뿌리에서 물의 말들이 넘칠 때 물고기는 아가미를 여닫았어 그 후로 물고기들은 물을 거슬러 오르기 시작했지 물의 새로운 말을 듣기 위해서였을 거야 물속에서 갓 태어난 치어들이 흔드는 지느러미 문양은 후세에 푸른 갑골문자로 남겨질지도 몰라 물의 첫 말들이니까

 아직도 내 몸의 육할이 물이니 흘러야 해
 더 낮은 데로

2부

여름 보내고 돌아서면 여름이라 했다

환생

환생을 위해
원한다면 어디든 머리를 내려놓는다

떡과 고기 과일과 술로 푸짐하게 한상 차려놓아도
가운데 상석은 늘 내 차지

죽음의 순간
배시시 웃어야 하는 어려움이 따르지만
웃을수록 귀한 얼굴이 된다

쉬운 환생이다

입꼬리를 귀에 걸고 거하게 웃어 줄 뿐인데
절로 예를 갖춘다

모든 절을 받고 나면 입안에 지폐가 쌓인다

환생의 뒤풀이로
막걸리 한 잔이면 족한데 거두어줄 몸이 없다

살아서 벌름거리던 코만
벌름벌름 환생한 아쉬움은 있다

남다른 재주

내 집 담장을 제 집 담장 삼아
농가주택을 짓고 혼자 사는 이가 있지요

봄이면
텃밭을 가꾸겠다고
농기구를 슬쩍슬쩍 가져다 쓰는 이가 있지요

농기구는 장만해서 쓰는 거라 말하려 했지만 빌려 간 농기구를 가져올 때마다 상추나 열무 호박 같은 걸 갖다 주었지요

오늘은
겨우내 먹어도 다 못 먹을 만큼의 홍시를
큰 바구니에 가져와서는

이 집 것을 자주 쓰다 보니
왠지 손에 익어 이젠 제 것 같습니다 하더군요

남의 물건을 제 물건처럼 쓰는
저 남다른 재주를 뭐라 탓할 순 없겠지요

〈
그의 고추밭에서 서리 맞은 고추를 보면
짠한 것이 꼭 내 고추 같기도 하거든요

말의 경주

베테랑 조련사의 말 길들이기는
마구간이나 방목장에서 말을 선별하는 것부터 시작되었다
그의 말은 질주 본능으로 대지에 수많은 발자국을 남길 것이다

경마의 하이라이트는 마지막 경주라 했던가
열두 번째 경주 말들이 일제히 결승선을 통과할 때
그가 힘껏 고삐를 잡아당겼다

그 말은 안간힘으로 입을 쭉 내밀어 선착했지만
저 명징한 코를 간과하고야 말았다
누군가 마권을 움켜잡고 꼼꼼하게 사진을 판독할 것이다

내가 만든 말들이 폐문부재를 달고 반송되어 왔다
그 어느 것보다 빠르지만 과녁을 잃고
긴 포물선을 그리며 여기저기 숲속을 휘돌아다녔다

책장 칸칸에 가두었던 말들을 만지작거리며
중독성 깊은 말들을 토닥거리며

우리라는 또 다른 이름을 붙인 변주의 숲을 만들 것이다

우리의 말을 다시 들여다볼수록
서로의 관계는 점점 가까워졌다
우람한 숲을 지날 때마다 뚜가닥뚜가닥 말굽 소리가
들렸다

어떤 은자도 길을 잃은 그 깊고 깊은 숲에서
바람과 구름과 어둠 사이로 번진 말의 냄새를 맡을 것
이다
말의 정곡에 박혀 채찍을 휘두르며

울림의 파장

외쳐야 했던 저 무수한 구호들을
누군가는 사라질 수 없는 기록으로 후세에 남겨야 했다지

울림의 방향은
공기의 파장을 통해 상승을 지향했다지

바지크레인 위에서 주먹을 움켜쥐거나
붉은 머리띠를 한 피사체들

지상에선
고성능 지상파 망원렌즈가
하나하나 초점을 맞춰 클로즈업했다지
들리지 않는 그들의 입을 보고 입맛에 따라 적당히 내레이션 했다지

그럴수록 울림은 더 크게 더 높은 곳으로 타올랐다지

쓰디쓴 이슈가
단맛의 저 슈가처럼 사람들 입에서 녹아버리고

미약한 울림이 사방으로 흩어지자 공명 없는 뜬소문만
난무했다지

불법이라 낙인찍은 현수막 뒤에서
변호인 입회하에 사자 뺀 삼자 합의를 즐겼다지

느슨하게 감긴 크레인 줄처럼
울림의 파장은 언제부턴가 사자와 함께 소멸되었다지

한때 제 몸을 휘감았던
저 팽팽한

상촌*

    세월 돌다 보면 술자리에서 엇비슷한 연배를 만나 통성명을 하고 친해질 때가 있다 술 몇 잔 들어가면 내 목소리만 듣고 전라도에서는 *흐미 거시기한 놈, 허벌라게 방가부러* 하고 경상도에서는 *야 문디 시끼야, 니캉 내캉 친구 아이가* 한다

    당연히 내가 상촌 삼도봉 촌놈 출신인 줄 모르니 그럴 만도 하겠지만 나도 굳이 밝히지 않는다 따지고 보면 이도 저 도 한 덩어리 아니겠나 싶어서

* 충북 영동군 면 소재지.

혹,

오랜 친구가 떠난대도
이별이 자연스러워질 나이인데

건강검진받으러 갔다가
갑상샘에서 물혹 몇 개 발견한 의사

믿지 못할 녀석이 몸에 들어왔으니
자연스럽게 소멸될지 사고라도 치는지
곁에 두고 지켜보자며

긴가민가한다

만성 요통을 뜸으로 다스리고
혈압과 체온을 재는 잔병치레의 익숙함 속에서
목을 만지는 버릇이 하나 더 생겨났다

불혹의 나이에 어쩌다 정든 친구처럼
아침에 눈 뜨면 제일 먼저 만져보게 되는

그러다 죽고, 못 사는
혹,

밥심

 내 몸은 내가 더 잘 안다는 나에게 허리 아픈데 설마 파스나 붙이라고 하겠냐며 진료는 의사에게 약은 약사에게 맡겨보자는 아내

 진료받고 약국에 들어서자
 약사는 약봉지를 내밀며 복용법을 주술처럼 내뱉는다

 하루 세 번 식후 30분에 드세요 살자고 먹는 약이지만 그렇다고 너무 믿지는 마세요 죽자고 오용하면 모를까 부작용은 당신의 특이한 성격 탓입니다 약 먹자고 먹는 밥인가요 입맛 돋는다고 약까지 남용하진 마세요 위장의 발작으로 밥줄 끊길 수 있으니까요

 들으면 들을수록 지당한 말씀 같아 믿고 먹다 약에 취했다
 잠들었다 깨어보니 어둑한 7시

 아침 약을 먹어야 할지
 저녁 약을 먹어야 할지
 〈

밥 뜸 드는 동안
허리에 붙인 파스로 몸이 찜 되는 동안
간간한 찬부터 먹는다

밥심으로 통증을 잊는 것도 나만의 재주라면 재주 같아
피식 웃음이 났다

천덕*

고속도로를 두어 시간 달리고도 산길을 십여 분 더 가야 천덕이다

보내야 할 슬픔은
가까워질수록 우리를 한데 모으고

천덕저수지를 지날 땐 모두 내려 어릴 적 누가 멀리 나가나 내기를 했던 꾸러기들처럼 일렬로 서서 오줌을 싸질렀다

떠나야 할 친구가
뭐 하다 이리 늦냐 타박할 것 같아 서둘러 허리춤을 추스르고 마을 어귀로 들어섰다

천덕엔 밤안개를 헤집고 다니는 슬픔이 있고 저만치 희미한 조등이 있고 마지막 인사처럼 친구가 걸어오는 듯하였다

한 녀석이 그의 이름을 불렀지만 대답 대신 우리를 바라보는 듯하였다

〈
천덕의 모든 것이 캄캄해질 때
우리는 기껏 담배를 꺼내 무는 게 고작이었다

* 충북 영동군 매곡면의 마을 이름.

고유번호

보름달이었다

입술을 훔치던 구름이 그만 삼켜버린 달
환한 달무리가 까맣게

죽었다

빛이 빠져나간 눈꺼풀은 풀리지 않고
죽음의 두려움이 불시착한 비행선처럼 다녀갔다
평온한 그러나 까다로운 공포였다

나의 부고는
달무리가 사라진 후에 내게로 떨어지고

달의 뒷면에 새겨진 등록번호 ik-0803이 지워지고 새로운 일련번호가 기록되었다

누군가 보름달의 숫자를 세고 있었고
그동안 살아내느라 애썼다며
어서 가라 했다

〈
어젯밤
꿈속에서 있었던 일이다

초경

봄, 봄입니다

장미 이파리가 담장을 푸르게 물들이면 봄이라 했습니다

햇빛을 끌어안고 분주하게 꽃봉오리를 키우는 오후입니다 저 봉오리 피고 져야 나무는 자란다 했습니다

그날

TV를 보던 딸아이가 급하게 화장실로 달려갔고 큰소리로 엄마를 불렀고 나는 드라마에 빠져 있었습니다

얼핏 본 딸아이 얼굴이 동그란 장미꽃 봉오리를 닮았다는 생각이 들 때 드라마는 끝났습니다

올해도 장미는 붉은 꽃을 동글동글 피울 겁니다
꽃은 둥글어서 이쁜가 봅니다

활짝 핀 꽃을 보고 '꽃' 하고 부르면
딸아이가 '네' 하고 답할 것 같은 날입니다

불황

그에게 여름이 익숙한 것은 주베일* 때문이라 했다 여름 보내고 돌아서면 여름이라 했다

앞당긴 공정으로 조기 귀국했지만 경기 침체로 팀 전원이 대기발령을 받았다 그때가 작년 가을이라 했다

태풍에 대기실 밖의 흔들리는 은행나무도 봤고 부러진 가지에서 일찍 물든 노란 잎이 허공에 날리는 것도 봤다고 했다

불황이 불황을 낳아

그의 부고를 받은 것은 가을바람이 불기 시작할 무렵이었다

영정사진 앞에는 대기발령을 받았다가 권고사직을 받은 이들이 모여 지난여름을 말하고 있었다

문상을 마치고 나온 가을은 우리에게 여전히 낯설었다

* 사우디아라비아 항구 도시.

활어

수족관 물고기는
물 밖의 흥정과 밀당엔 관심이 없고 바다를 생각했다
등지느러미를 세우고 꼬리를 흔들면 파도가 출렁거렸다

평형저울 위에서
부레를 부풀려 허세를 부려도 눈금은 짜디짜게 저울질했다

주방장의 손에 잡혀 잠시 기절이라도 하면

능숙한 칼날이 연붉은 살을 도려내고
머리와 가시는 접시에 누워 속까지 보여주어야 사람들은 대중없는 눈으로 질감을 탐했다

마지막으로 입을 뻐끔거리면
저마다의 속셈으로 평형의 셈법을 들이대던 손들이 일제히 빨라졌다

죽어도 활어라 외치며

약발

우리 집 시곗바늘은 제 맘대로
하루를 늘리거나 줄일 줄 아는 재주가 있다

요 며칠
하루는 빠르게 가고 하루는 느렸다

새 건전지로 갈아 끼워도 약발이 먹히지 않았다

겉이 멀쩡하니 고쳐 쓰자는 내게 쓸 만큼 썼으니 새것
으로 바꾸자는 아내의 잔소리에 잠시 나갔다 왔더니
 아내가 묻는다

누구세요?

무수한 반복처럼 돌아가던
아내의 시간이

멈췄다

아내를 위해 내가 가지고 있는 약이 이젠 없다

3부

슬픔은 건들지 않아도 슬프다

숫돌

여기저기 굴러다니는 막돌 말고
온몸 비비다 보면 느낄 수 있는 적당히 무른 그런 돌 말이야

반듯하게 누워 쓱쓱 문지르면 날은 곧게 서지 들인다는 것은 받아들이는 거지 하나가 된다는 거지 긴장을 놓으면 다칠 수 있으니 몸 가는 대로 적당히 힘을 빼고 밀려나면 돼 서서히 뜨거워지는 체온을 느껴보는 거지 보지 말고 느끼는 거야 눈을 감으면 더 멀리 볼 수 있지 정상 위의 기울기를 36.5°로 오독해도 괜찮아 36.5°보다 뜨거워질 테니 열기를 끌어올리는 게 물이야 심장이 뛰는 만큼 뜨거워지겠지 유효기간이 짧아 물이 마르고 체온이 식어갈 때 후위는 손의 촉감으로 느끼면 돼 무딘 날이 자신을 세울수록 돌은 닳아가는 거지

한 생을 쉼 없이 내주면서

그믐

그 골목엔
그만그만한 담장이 무너질 듯 어깨를 맞대 있고
벽은 살비듬처럼 달빛에 번지고 어둠이 제집 드나들 듯하네

환경미화원 베트남 댁 하잉 씨의 출근은
내리막길을 종종걸음으로 내려가는 일

그녀의 직장은
밤새 어둠을 머금다 뱉어낸 빌딩
층층 전등을 밝히며 정규직보다 빠른 일과를 비정규적으로 시작하네

치열했을 어제의 전투를 생각하며 바닥을 닦다가
슬쩍 사장 자리에 앉아 폼 한번 잡아보다가
전화기를 들고 쌍권총도 날려보네

어제의 전과를 모조리 쓸어
쓰레기 통속으로 밀어 넣고서야 끝나는
하잉 씨

〈
둘째의 산달이 가까워질수록 배가 달처럼 환해지는데
퇴근길의 그녀는 달을 볼 수 없네

모든 달은 어둠을 탐하고 있네˙

* 이영옥 시집 『어둠을 탐하다』에서 인용.

핑계의 핑계

우리는
서로의 뒷모습만 보았지

이팝꽃 보고 나는 조팝꽃이라 했고 너는 아카시아향이 난다고 했어 바람 쐬러 가자는 말에 바닷바람 맞으러 섬으로 간다 했지

섬은 네 안에 있었어
그 안에 너를 쌓아 올리는 일만으로도 벅찼을 거야

소문을 들은 적 있어

버려서
버려져서 가볍다는 건 핑계였겠지
쓸모없는 핑계를 댈수록 핑계가 편해지는 걸 알아

더 뺄 것도
더 넣을 것도 없는 우리는

아카시아꽃으로 노랫말을 쓰면 조팝꽃으로 후렴을 붙여주는
 그래서 모든 꽃이 하얬지

다행이다

병실에 무늬 만병초가 한겨울에 붉은 꽃을 피웠다

가습기를 틀어놔도 물기는 만병초 뿌리에 닿지 않았고 반쯤 일으킨 자세로 침대에 누워 있는 그녀의 입술에 물기를 적셔도 모든 게 말라갔다

우리 애인할까요?

어머니는 젊은 날에 있었고 나는 속절없는 날에 있었다

그래요 지금부터 애인합시다!

더 마를 것 없는 그녀의 손을 잡고 농인 듯 아닌 듯 낄낄대다가 찔찔대다가 이곳은 슬픔을 건들지 않아도 슬프다는 걸 알았다

잠든 그녀를 들여다보다가 눈 뜨면 아침일 거라는 확신을 갖고 싶었다

화분에 물을 주었다
다행이다

토하

동네 저수지에서
방생으로 추정되는 동남아산 등검은새우가 발견되었다고 한다

한겨울
저수지 바닥에서

수온의 변화에 적응하며 살아남아
진화의 단계를 앞당겼다는 설이 파다하지만

임금체불로 생활고를 겪던 건설 현장의 한 불법체류자가
창 없는 쪽방에서 허리가 휜 상태로 사망했다는 보도가 나왔다

경찰은 닫힌 공간에서 폐소공포증으로 인한 돌연사라는 의사의 애매한 소견을 사망 원인으로 발표했고

나는 단순하게 그러나 단호하게 향수병에 의한 사망으로 단정 지었다
〈

누구에게도
부고를 전할 수 없는
저 허리 휜 신원 미상의 시신

마침내 죽어서야 세상 밖으로 드러난 그의 붉은 살빛
빛이 울기 시작한다

가시연

물안개로 출렁이다 안개 걷힌 우포늪

한 쌍의 새가 연잎에 앉아 서로의 깃털 속으로 부리를 박고
벌들은 연신 연꽃 속으로 파고든다

둘레 길을 걸으며
부쩍 눈에 띄게 배가 불러온 당신에게

연꽃 하나 따다 줄까 했더니
늪의 저 물빛만 담아 가겠다 한다

사랑을 달구듯
유월 햇살이 늪의 물을 달구고 있다

가시연을
물 밖으로 밀어 올린 힘도
물속에서 연줄연줄 기댄 저 많은 줄기들도
물들이 햇빛에 입술을 내밀어 몸을 달궜기 때문이겠지
〈

일렁이는 물결 속에서
물의 틈에 촘촘히 가시를 박고
늪 깊숙이 꽃씨를 떨어트리고 있는
가시연

내 어머니의 자궁도 저 물속처럼 따뜻했을까

임종

목구멍에 가난을 달고 살아 젊어서부터 죽을 죽자고 싫어했던 어머니가 목에 구멍을 내고 죽으로 생을 메우고 있다

둘째의 울음소리만 병실로 들여보내고 병실 밖 계단에 앉아 있는 셋째의 등에 깔린 어둠을 바라보며 나는 슬픔을 닦아냈다

아버지는 자신의 입으로 잘근잘근 이긴 공진단을 새끼손가락에 묻혀 어머니의 입안으로 밀어 넣기만 하고

가쁜 숨을 쉬던 어머니가 입안의 공진단을 뱉어내며

막둥이는 언제 온다냐?

마지막 말문을 내려놓은 어머니는 기다림을 깨물고 아버지는 한 알의 공진단을 헐렁한 틀니로 다시 깨물었다

막내 두고 쉽게 가시지 않을 거라고 나는 병실 밖으로 나와 연신 담배를 피워 물다 병원을 하루 거른 어제를 떠올렸다 어제는 길었고 오늘은 짧았다

막둥이가 왔다

불꽃놀이

겨울밤 서울빛축제의 불꽃이 어둠을 탄주한다

지하 계단을 따라 내려온 빛은
눈을 감아도 꿈꿀 수 없는 사내의 한쪽 얼굴을 비추고

졸음에 취한 사내
골판지 바닥에 몸을 눕힌다
터진 손으로 아랫배를 쓸며 허기를 달래는 동안
겹겹이 덮은 신문을 뚫고 말릴 수 없는 추위가 등을 찌른다

맥박이 뛰지 않는 사내의 잠꼬대가
깨진 모자이크 벽 틈새로 사라지고

그날 밤 누군가는 사내의 빚진 몸부림을 보았을 것이다

서울역 무료급식소 앞
노숙자들 사이에 낀 사내는 옷섶에 묻은 간밤의 한기를 국밥 한 그릇의 뜨거운 김으로 털고 배를 채운다

사내가 햇살 아래로 흩어진다

불안불안 재계약

도서관에서 만나는 사람은 모두 취준생 같아
안 보이면 취직했나 싶은

수시로 입사원서를 쓰는 너에게 첫 월급 탔다고 밥 한 번 먹자 했다가

면접이나 보고 먹자며 미룬 것이
달이 바뀌고 해가 바뀌었다가 마침내 입사한 너도

계약직

출퇴근용 출입증을 목에 걸고 현장사무소에서 늦은 시간까지 주간 공정계획서를 작성하다 알았다 일정과 공정 사이의 불공정 계약을

사원증 걸고 휴게실이나 헬스장으로 내빼는 정규직 한 번 씹어보자고 나선 선술집

뒷담화는 나쁜 상사라도 있고 욕할 회사라도 있어야 했다

〈
한 발 들여놓으면 쉽게 그만두지 못하는
재계약이 불안불안한
우리는,

쉿

신혼여행 가방에 딸려온
호텔 505호실 열쇠가 서랍 안에 있다

그날,
불 꺼진 벽 한쪽에 꽂혀 우리의 첫날밤을 엿보다
한순간 확 켜진 불빛에
들켜버린 열쇠

쉿!

시집살이 온 며느리 손을 꼭 잡고
아가, 손이 참 곱네
아까워서 험한 농사일을 어찌 시키누?

손보다 속살이 더 고와요
듣고 있던 내가 한마디 거들다 핀잔을 들었다

엠병할 놈!

쉿!

〈
세월이 세월을 이고 오는 동안
아내의 손은 거칠어지고 속살은 메말라 갔지만
우리는 아직도

쉿!

이월 중

이월이
유혹하고 있었어

전단지에서 세일 품목을 찾다가
봄 신상이라는 문구에 우리의 눈은 반짝였어

쇼핑 갈래?

쇼윈도엔
신상으로 갈아입은 마네킹이 화사한 봄꽃을 들고 있었어
진짜로

철모르고 2월에 피어 철없이 이월되는 꽃이
향기 없이도 사람 끌어모으는 재주가 있었어

 이월을 기다린 너는 카드로 신상을 긁고
 이월 상품을 든 나는 유효기간이 다가온 상품권을 내밀었어

 너의 이월과

나의 이월은 닮은 듯 달랐어

신상을 든 너의 손엔 봄바람이 불고
겨울 잠바를 든 내 손엔 찬 바람이 불었어

나는 또다시 이월 중이었어

어제는 클린업 타자
— 오늘의 시작법

오뉴월 개 팔자보다 늘어진 프로야구가 당신은 좋은가요 경기가 거듭될수록 전날의 판박이죠 클린업 타자의 방망이는 늘 공격적인 게 문제죠 만루 홈런의 짜릿함은 잊는 게 좋아요 투수의 유인구가 만만한가요 포수의 노련한 미트질에 눈뜬 채 죽을 수도 있어요 어쩌다 사인을 오독한 방망이가 포물선을 그렸겠지만 빗맞은 외야 플라이인 거죠 질 좋은 직선타는 어제의 보살입니다

홈그라운드의 야유에 졸진 마세요 어울리지 않게 짧게 잡은 방망이는 관리형 타율인가요 전략적 속임수 너머의 무한한 감을 감지했나요 그렇다면 다시 방망이를 휘둘러 봐요 낙차 큰 커브에 헛손질하는 나는 아직

아기 독수리 타법입니다만

양말

양말의 진화는
구두 속에서 시작한다

두 짝으로 나뉘어
발의 형태에 따라 제 몸을 늘렸다 줄였다 한다
때론 좌우를 넘나들며
구두의 행적을 기록하다 주인의 치부를 감싸주기도 한다

방구석에서
두 짝이 하나로 돌돌 말려 서로의 냄새를 맡다
양말 속에 박힌 나일론 심줄을 뽑는다

무명 양말 한쪽에 조그만 구멍을 키우며
밖으로 삐져나온 발가락의 네일아트를 발견하고 멈춘다
더 이상의 진화를

4부

오독하면 헛웃음이 되는 문장들

복어

　복어들이
　수족관 안에서 미동이 없다

　식당 주인이 복어의 상태를 살피다 다른 수족관에서 잡식성 포식자를 옮겼다

　납작 엎드렸다가 순식간에 덤벼드는 넙치란 놈이, 집게발로 수족관 유리를 툭툭 치는 대게란 놈이, 한입에 집어 삼킬 만한 입을 가진 아귀란 놈이

　노려보는 눈길에

　복어들이 일제히 몸을 부풀린다
　몸을 건드리기도 전에 먼저 터질 때까지

술래잡기

그녀가 돌싱인 줄 모르는
아파트 단지 내 상가 사람들

치킨집 피자집 중국집 사장은
그녀를 향해 허구한 날 목만 길게 빼고

비 내리는 저녁 소파에 비스듬히 누워 드라마에 흠뻑 젖던 그녀가 때를 놓쳐 쟁반짜장 2인분을 시켰는데

현관 앞에 놓인 남자 구두를 사이에 두고 맛있게 드세요! 안녕히 가세요! 인사를 마치자 배달원 뒤통수에 대고 그녀가 외친다

여보, 빨리 식사하세요

손기술 좋고 눈치 빠른 조명가게 사장이 깜빡이는 안방 형광등을 교체하고 돌아간 후 진원지가 불확실한 소문이 상가를 중심으로 나돌았다

유비통신은 꼬리에 꼬리를 물고

꼭꼭 숨긴 그녀의 남자는 머리카락 보일라

숨었니?
숨었다

겨울 민들레

대전역 동광장 무료급식이라는 말은 낭만적 공용어이고
때 되면 먹어야 하는 사람들의 일상어는 역전 공짜밥

널빤지로 만든 식탁에 줄지어 앉아
한 끼 식사를 때우는 사람들과 오늘의 밥값을 해낸

무상급식

식탁 옹이의 자리에 구멍이 생겨
햇빛이 정오를 지나가다 미끄러지고
바람은 수시로 안팎을 들락거리다가

보도블록 틈 사이로 민들레를 키웠다

싹이 나고 잎사귀가 자라다 오늘은 된서리를 맞아 잎 몇 장이 바닥에 누워 있다

간밤에 노랗게 내밀던 꽃대도 바람이 괜히 흔들어보는 바람에
〈

피다 만

꽃

무성한 계절의 그리운 소문과 꽃대가 내통하는 사이
끼니를 때운 사람들이 내일의 허기를 안심하며
흩어진다

기일

시장 구석에 좌판을 깔고
구부러진 허리로 무릎을 반쯤 일으켜 손을 길게 뻗으면
이곳이 내 지축

바구니에 사과와 귤을 담아 네댓 줄 맞춰놓으면
과일은 과일대로 나는 나대로 하루를 데려간다

겨울빛이 까치발을 들고 슬금슬금 지나가고
흥정은 흥정으로 끝날 때가 많고

바람의 살갗이 차가워질수록 사람은 뜸해지고
야채는 간간이 줄어도 과일은 그대로 남는다

팔다 남은 과일에서
상한 놈 몇 개 골라 아들에게 주곤 했는데

이리저리 굴러다니다 멍든 놈이 더 맛있다는 것은
나와 아들만 아는 비밀

오늘은 아들 제사상 앞에 놓으려고

제일 성한 놈으로 몇 개 골라 담는다

보름달 주위를 떠도는 행성이
노랗거나 붉다면 속아 줄 수 있겠지만
달빛이 검다면 누가 믿어 줄까

아들이라면 모를까

애기동백

태풍의 영향권에 들어갔다 했다
비바람에 동백나무 가지가 부러졌다 마디마디 잘라 물컵에 담갔더니 잔뿌리가 하나둘 나오기 시작했다

드라마에선
교통사고로 머리를 다친 아이가 산소호흡기로 연명하고 있다

마지막으로 정신이 돌아오고
별은 아픈 날이 없냐고 물었고 날 좋으면 볼 수 있을 거라 했다

이별을 기다리는 사람들은 비 그치길 기다렸고
보내는 사람들은 빗물로 슬픔을 감추려고 했다

여린 신을 대신한 단호한 의사의 결단은 빨랐다

눈물이 흐를 때는
빗물처럼 멈출 때를 기다려야 했다

애기동백을 화분에 옮겨 심었더니 꽃이 피었다
밤이 오면 다섯 개의 붉은 별이 꽃잎 속에서 반짝거렸다

물고기의 등급

생선가게 좌판엔 이미 죽은 것들이 살아 있는 행색으로 줄을 맞춰 누워 있다

어느 것이 좋은지 몰라 의심의 눈을 날리다 뒷걸음치는데 시장의 동태를 살피던 주인 여자가 재빨리 낚아채고 호객을 한다

생선 한 마리 집어 들고

흐물거리고 늘어진 놈은 하치요 그나마 단단한 느낌이 드는 놈은 중치요 빛깔 좋고 탱글탱글한 놈은 상치요 그 중에서도 눈깔이 살아 있으면 특이지요 한다

사람이나 생선이나 마지막까지 눈을 부릅떠야 대접받을 수 있다니 두 눈 부릅뜨고 생선 한 마리 고른다

만두

정월 초하루
식탁에 마주 앉아 만두를 빚던 아내가
전셋돈 올려 달라는데 어디서 돈을 구하냐며 한숨짓는다

나는 걱정 말라며
긴말 없이 보낼만한 곳에 짧게 단체 문자를 보냈다

급한데 돈 좀 빌릴 수 있을까?

돌아온 답글을 보고서야 알았다
애들 연연이 대학 보내느라, 암 수술 비용 마련하느라, 아파트 대출금 갚느라 쪼들리면서도 다들 묵묵히 살아내어 고맙다
가진 돈이 적어 어떡하냐고 묻는 안부가 고맙다

마지막으로 온 문자는
조카야 니 사고 쳤나?

피는 두꺼워야 안 터지는 거라며
〈

김치만두 고기만두 잡채만두 다 빚을 동안
아내의 눈치를 살피는데

친구에게서 전화가 왔다
친구야 뭔 일인지 모르겠지만 지금 보낼게 계좌 보내라

솥뚜껑 열어보니
옆구리 터진 만두 한 개가
피 없이도 뭉친 소 그대로 속 시원하게 내보이고 있다

우리도 사진 한 번 찍어 볼까요?

장롱 속 깊숙이 넣어 두었던 사진첩을 꺼내 넘기다 보면

걸음마를 막 뗀 아들이
푸른 잔디밭에서 뒤뚱뒤뚱 걸어오고

유치원 재롱잔치에서 딸아이가 엇박자로 따라 하는 율동에
웃음소리가 사진 사이사이로 박혔지만

뒷장으로 넘길수록
아이들은 사진첩에서 사라지고
우리는 다문 입으로 몇 개의 기념일을 들추다 만다

첫 장과 마지막 장 사이가 너무 멀고 낯설어

아내는 제 발등을 쳐다보고
나는 아내의 등을 바라보다

우리도 사진 한 번 찍어 볼까?

꼬리의 진화

　온라인 예매를 놓친 매표소의 행렬이 길다 발매 창구에 화사花蛇한 머리를 들이밀고 말의 날름거림이 현란하다 전좌석 매진을 알리는 전광판의 불빛이 점멸하는 순간 꼬리부터 술렁인다 발매원이 입석표를 내밀 땐 가랑이 속으로 빠르게 꼬리를 집어넣는다 뒤돌아보면 까치무늬 칠점무늬 이국적무늬가 징글징글 줄지어 서로 독을 감추고 허물을 덮고 있다 줄은 선착순의 원칙으로 일렬만 허용되는 것이 불문율인데 제멋대로 휘감긴 것이 巳 자의 형국이다 순환의 질서를 파괴하는 끼어들기를 감시하는 것은 꼬리의 몫이다 간신히 탄 막차의 객실에서 또 다른 꼬리가 되었다가 등받이에 기대어 무디어진 꼬리뼈를 만지작거리다 목적지에 닿았다

　진화의 시발점은 퇴화의 시작에서 기인한다

아내의 달력

지난 어느 해
아내는 달력에 사과나무 한 그루 심었어

사과가 익기도 전에
가지 사이로 매달린 풋사과를 몰래 따 먹은 적 있어

그녀가 만든 달력엔
풋풋한 사과 향기가 났어

사과나무가 자랄수록
절기와 상관없이 더 많은 사과가 매달렸어

월령의 주기를 터득한 아내는
넓고 깊은 구덩이를 파놓았어

안과 밖이 하나로 통하는 은밀한 구멍이야
가끔 구덩이에 빠져 허우적거릴 때도 있지

구덩이에 몸을 구르면 샘이 되었어
샘물을 마시며 아내에게 사과를 깎아 주었어

〈
나는 동그라미로 꽃을 만드는 재주가 있어
입을 동그랗게 오므려 꽃을 만들기도 했어

아내가 외출할 때는 주머니 속에 꽃을 넣어 주었고
아내는 장미꽃이라 불렀어

달력의 꽃들이 일제히 입술 떠는 밤
나는 파르르 요의를 참아야 했어

세 번째 화살

텃밭에 씨앗을 파종하자고 두서없이 아내는 성화다

차일피일 미루다 콩을 심기로 은밀히 입을 맞추자 금세 알콩달콩해진다

나는 밭일할 때마다 모자를 쓴다

보건복지부의 모자보호법 개정안에 따르면 모든 모자는 질의 효율성을 위해 바람구멍을 의무화했다는 소문이 있다

모자로 풍선을 만드는 남다른 면도 있어 씨앗을 담은 풍선의 바람구멍으로 과녁을 겨누기도 한다

한 번은 사정거리가 짧았고 한 번은 힘 조절 실패로 정곡에서 벗어났지만 세 번째 화살로 마침내 뚫린 과녁

아내가 두둑에 구덩이를 파면
나는 뒤따라가며 콩콩 날렸다
〈

콩 심은 데 팥 날까 걱정하는 나에게 뭔 헛소리냐며 날
아든 아내의 화살을 맞기도 했다

둔덕의 흙을 도톰하게 덮으며 우리의 대화는 생콩날콩
무르익었던 것이다

나의 친애하는 모자에서 콩 냄새가 나고

일기

아내의 일기를
현재진행형으로 읽으면 아프다
소리 내어 읽으면 내가 사라질 수도 있겠다

속기로 오기한 숫자도 거꾸로 읽은 문자도 오독하면 헛웃음이 되는 문장이 많았다 날짜가 가까워질수록 오독이 쉬웠다

이후의 문장은 깨끗한 고통

생전에 같이 가자 했던 소풍을 혼자 다녀가 안부를 따르는 잔이 아프고 위로가 아프다
먼저 보내 아프고 남겨 놓아 아프다

아내가 그렇고 내가 그렇다

내 앞에 노을 짙어지고 땅거미 내려앉아
아내가 멈춘 일기를 이어 쓴다

혼자서

립싱크

수족관의 물고기는
무슨 노래를 부르려는 것일까

다윈의 설이 맞는다면
저 물고기는 앞으로 얼마나 더 뻐끔거려야 새의 소리를 낼 수 있을까

자신의 진화를 앞당기려는지 물고기 한 마리가 수족관 밖으로 튀어나와 파닥인다 새의 부리가 되지 못한 큰 입으로 연신 뻐끔거린다

나는 물고기 소리를 들어본 적 없어
귀를 바짝 갖다 댔지만

물의 품속에 가두었는지
빠끔 빠끔

립싱크 금지 법안이 발의되었다는 긴급 뉴스에
물고기가 두 눈을 부릅뜨고

■ 해 설

연민과 구휼救恤의 사랑의 시학

유종인(시인)

1. 연민과 존재

　냉철한 이성과 합리적 사고의 이지적인 운용이 근대에서 현대에 이르는 사회시스템의 관리나 윤리의식의 기초처럼 득세하던 때가 있었다. 물론 작금에 있어서도 이 이성적理性的 의식작용의 적합성과 합리적 사고의 부합성附合性은 다양한 분야나 장르에서 그 실제뿐만 아니라 레토릭rethoric처럼 따라다니는 측면이 아직도 자자하다. 흔히 감정적 치우침에 따른 경솔한 인식이나 판단의 오류와 실수를 놓고 볼 때 이 항목의 가치는 여전히 유효한 의미의 방점傍點이 찍힌다. 그러나 앞서 이성reason이나 사고thought를 비롯하여 그것을 수식하는 형용사인 냉철함과 합리성rationality이 그 본래의 취지나 의도를 벗어난 잔혹함이나 편파성, 혹은 비합리성에 매몰된다면 어떤 상황이 도래할까. 내부적 규율의 척도

와 공평무사한 이지적 판단의 근거를 활용하는 다양한 매뉴얼들이 존재함에도 불구하고 이성과 사고의 실제적 결과는 여러 의미에서 애초의 의도를 벗어나는 경우가 있다.

현대의 다양한 시스템이나 합리적 의사결정과 사회적 관계의 기초가 이성理性과 합리성을 배제하지 않더라도 인문학이 거느리는 인간적 의식의 기초는 좀 더 폭넓게 열어놓을 필요가 있다. 즉 정의적情誼的 윤리의식과 활달한 연민의 감각을 좀 더 적극적으로 개진할 필요성이 구체적으로 대두된다는 측면에서 그렇다.

강일규의 시적 텐션tension은 특이하게도 여느 관념적 윤리의식보다는 늡늡한 연민의 정서가 짙을수록 더 끌밋하게 도드라지는 측면이 있다. 그만큼 시인의 연민은 감상성感傷性을 넘어 내재적內在的이며 은근하면서도 독특한 윤리적인 개성을 발휘하는 일종의 정서적 촉매제와도 같다.

비행을 멈출 수 없는 生들이 실종되었다 비행 소문이 거미의 주변을 맴돌았고 가늠할 수 없는 목숨은 많았다 날아오름과 날아감 사이에서 과녁이 흔들리면 한순간 허공도 흔들렸다 줄을 잡았다가 그 줄에 걸려들어 또 하나의 목숨이 저울질당하고 있다

정곡이란 애초부터 없는 것이다

- 「정곡」 전문

　시인의 예리한 정서적 감각은 '生들이 실종'되는 지경과 또 한 생이 연명하는 생태를 '날아오름과 날아감 사이에서' '흔들리는' 과녁으로 형상화한다. 이 과녁이란 유동적인 것이며 그 유동성流動性 혹은 생의 가변성에 놓인 실존의 은유metaphor라고 할 수 있다. 어느 편도 들 수 없는 생태계의 이런 아이러니irony를 발견해내는 화자의 예민한 촉수는 생명의 행위가 오히려 죽음의 덫에 드는 흔히 부조리한 경우를 상정한다. 즉 '줄을 잡았다가 그 줄에 걸려들'고야 마는 이런 미혹들은 바라보는 시인의 근원적인 정서는 연민에 기초한다고 보여진다.
　유동적인 정곡正鵠의 덫에 걸려 날벌레는 순식간에 거미의 먹잇감에 포착되는 찰나의 먹고 먹히는 먹이사슬의 생태계를 극명하게 보여준다. 섭생攝生의 그늘을 벗을 수 없는 숨탄것들을 향한 강일규의 내밀한 시선은 급기야 '정곡이란 애초부터 없'다라는 유의미한 진술을 확보하기에 이른다. 이런 '정곡'에 대한 도발적인 발견은 쉽게 '가늠할 수 없는 목숨'이라는 삶의 저변으로 확대되는 습습한 눈길을 번져낸다.

　　산부인과 병원 근처엔 혼자 우는 울음이 많다

〈

팔을 벌리고 부를 이름이 없어

한낮에도 울음이 바람을 끌어안고 멸망을 낳는다

저만치 뒤따라오던 아내가

전봇대를 붙잡고 이름 없는 이름을 부르며 울고 있다

미안

미안

건너편 정류장에서도

한 여인이 어리어리한 앳된 딸아이를 끌어안고 있다

괜찮아

괜찮아

대기실에서 마주쳤던

한 남자와 한 남자가 보호자란 인연으로

눈빛이 스칠 때마다 놓친 연과 놓은 연을 위로했다

아내의 울음이

자궁 밖으로 다 빠져나가길 기다렸다가

〈

　돌아오는 길에

　소고기 반 근을 샀다

　　　　　　　　　　　　　－「미역국」 전문

　일반적으로 공포恐怖와 연민憐愍은 아리스토텔레스가 말한 비극을 경험하는 요소이다. 인간의 내면에서 공포와 연민이 일어나 카타르시스를 느끼며, 극의 등장인물을 동정하여 비극을 느낀다고 하였다. 그러나 시인에게 있어 연민은 자기 카타르시스로서만 작용하는 것이 아니라 타인에 대한 인간적 연대를 걸어두는 감정적 통로이자 시적 손길로 작용한다. '산부인과 병원 근처엔 혼자 우는 울음이 많다'라는 발견 속에서 울음이 가진 상실과 슬픔이 생사生死의 근황을 이곳저곳 둘러보게 한다. 아기를 놓친 '이름 없는 이름을 부르며' 우는 아내의 처연함을 마음 깊이 끌어안을 수밖에 없다. 그런 남편이자 화자에게 '아내의 울음이/ 자궁 밖으로 빠져나가길 기다'림은 고통과 상실의 내면을 그윽이 받아안는 연민의 마음자리 같은 것이다. 그리고 '돌아오는 길에/ 소고기 반 근'을 사는 가만한 행위는 연민에 잇닿아 있는 실존적 시행詩行으로 자리매김한다.

　연민의 맹아萌芽가 슴슴하니 박혀있는 강일규의 시적 너름새는 우리네 삶의 도처에 배어있는 상실의 이모저모를

두루 끌어안는 품을 가졌다. 산부인과에서처럼 '눈빛이 스칠 때마다 놓친 연緣과 놓은 연緣을 위로' 하는 시의 눈길은 사라져가는 늡늡한 정서의 피륙을 다시 짜는 모양새로 도드라진다.

2. 질곡과 포용包容의 알레고리

일종의 알레고리적 비유는 그 질곡의 상황을 희화화戱畵化하면서 그 현실로부터 떨어져 바라보는 심리적 거리를 확보하게 된다. 이런 알레고리적 상황인식 자체가 당장에 구원의 실행력이 될 수는 없다. 적어도 이런 현실이 우리를 불가피하게 에워싸고 우리를 길들이려는 관습적 통념이나 체념으로부터 우리를 이격離隔시켜서 뜽기고 깨어있게 한다. 녹록지 않은 현실의 일면이나 상황을 자연물의 특징이나 생태적 현황으로 겹치듯 비유해 보여주는 방식으로서의 알레고리allegory는 강일규에게 있어 도외시할 수 없는 시적 도그마dogma로서의 맑은 윤리의식에 기원한다. 지나칠 수만은 없는 주변 현실의 질곡을 바라보는 시인의 눈길엔 앞서 말한 인간적 연민compassion이 남모르게 작용한다. 이 연민은 대외적인 것이며 이타적利他的인 시인의 눈길이지만 동시에 그런 현실의 동시대인인 자신도 그런 피해자나 방외인方外人이 될 수 있다는 잠재적 자아에 대한 눈길도 같이 겸하고 있다. 그러기에 강일규의 연민은 홑겹이 아니다. 그의 시적 행간을 읽어가다 보면 연민의 대상이 객관적 상관물相關物에서 어느새 화자 자신의 처지circumstance로까지 스며있고 같은 동시대인同時代人이라는 동류의식에 공감의 정서가 부여한다. 엄연한 객관화된 사건 사고이거나 팩트이지만 그런 시적 언술을 펼쳐나가는 사이에 화자를 비롯한 세상의 모든 장삼이사張三李四들이 이 서글프고 불민한 상황에 어떻게든 연관돼 있다는 모종의 연대의식이 하나의 심정적 어깨를 겯게 된다. 이것이 강일규 시인이 자신을 둘러싼 세태를 시적 상황으로 끌어안고 객관화하는 시적 전제의 심정이 된다. 그러나 무엇보다 재밌는 것은 이런 엄혹하고 가혹한 현실의 단편을 얘기할 때 강일규의 알레고리적 언술의 뉘앙스가 갖는 모종의 시적 밝음이랄까 간정된 표현력은 읽은 이에게 상쾌한 상기력을 보여준다.

　　동네 저수지에서
　　방생으로 추정되는 동남아산 등검은새우가 발견되었
　다고 한다

　　한겨울
　　저수지 바닥에서

　　수온의 변화에 적응하며 살아남아

진화의 단계를 앞당겼다는 설이 파다하지만

임금체불로 생활고를 겪던 건설 현장의 한 불법체류자가
창 없는 쪽방에서 허리가 휜 상태로 사망했다는 보도
가 나왔다

경찰은 닫힌 공간에서 폐소공포증으로 인한 돌연사라
는 의사의 애매한 소견을 사망 원인으로 발표했고

나는 단순하게 그러나 단호하게 향수병에 의한 사망
으로 단정 지었다

누구에게도
부고를 전할 수 없는
저 허리 휜 신원 미상의 시신

마침내 죽어서야 세상 밖으로 드러난 그의 붉은 살빛
빛이 울기 시작한다
-「토하」 전문

아이러니의 상황은, 그 시적 기법을 화자가 선험적으로
먼저 차용한다기보다는 화자가 포착한 그 현실의 실제성

이나 현장감 속에 내포된 경우가 대부분이다. 이는 지극하고 냉철한 연민의 눈길로 포착한 현실의 부조리를 눈썰미 있게 시적으로 수용하는 단계에서 드러나곤 한다. 강일규의 시적 언술이 보여주는 사실성, 그 리얼리티는 이런 가운데 단연 돋보인다.

'동남아산 등검은새우'의 생태적 현실과 '임금체불로 생활고를 겪던 현장의 한 불법체류자'의 죽음의 보도를 하나로 연결시키는 시인의 예리하고 적확한 비유의 너름새는 '토하土蝦'라는 토속적이며 서정적인 상관물相關物을 시대현실과 연계한 또 다른 시적 성과로 봐도 과언이 아니다. 무엇보다 흥미로운 대목은 불법체류자의 사망원인에 대한 '경찰'의 '돌연사라는 의사의 애매한 소견'과 화자인 '나'의 '향수병에 의한 사망'의 단정이 대립되는 측면에서다. 이 외국인 '불법체류자'에 대한 상반된 사인死因의 진술은, 의과학적 혹은 법의학적 소견의 차이라기보다는 인간 실존에 대한 인문학적 소양이나 인식의 부재不在를 에둘러 질타하고 싶은 시인의 비판적 생각이 돋올해지는 지점이기도 하다.

시의 마지막 연聯에 드러나듯 '마침내 죽어서야 세상 밖으로 드러난 그의 붉은 살빛'은 그 자체로 처절하고 안타까운 외국인 부랑 노동자의 처참한 현실을 드러내는 절규의 시행詩行으로 아이러니를 반영한다. 이런 삶이 도대체 가

능해야만 하는 열악한 노동현실과 불법체류 노동자의 인권에 대한 경종의 빛깔인 듯한 '붉은 살빛'은 토하土蝦의 익은 빛깔과 유비적類比的인 길항관계를 형성한다. 이렇듯 세상에 죽음으로 혹은 주검으로서만 드러날 수밖에 없는 절멸의 빛깔에 대한 강렬한 인상은 그 자체로 무관심과 부조리不條理에 처한 디아스포라diaspora 이주민의 현실이 인간 존재 전반으로 확산되는 계기를 부여한다. 이런 외국인이라는 타자他者의 비극이 모든 실존적 테마로 번지는 순간에 '빛이 울기 시작'하는 공감대를 끌어안을 수 있다. 그런데 여기서 울음의 주체가 누구냐는 측면은 자못 의미심장하게 다가든다. 외국인 불법체류자의 동료나 가족만이 아니라 혹은 그 외국인의 죽음에 안타까움을 표하는 내국인들이 울음의 주체가 되는 것만도 아니다. 그야말로 '붉은 살빛' 그 자체가 울음의 자장磁場을 형성할 만큼 인상적인 실물의 반영으로 다가온다는 것이, 강일규 시인의 시행詩行이 갖는 유심하고 독실한 표현이지 싶다.

　　외쳐야 했던 저 무수한 구호들을
　　누군가는 사라질 수 없는 기록으로 후세에 남겨야 했
다지

　　울림의 방향은

공기의 파장을 통해 상승을 지향했다지

바지크레인 위에서 주먹을 움켜쥐거나
붉은 머리띠를 한 피사체들

지상에선
고성능 지상파 망원렌즈가
하나하나 초점을 맞춰 클로즈업했다지
들리지 않는 그들의 입을 보고 입맛에 따라 적당히 내레이션 했다지

그럴수록 울림은 더 크게 더 높은 곳으로 타올랐다지

쓰디쓴 이슈가
단맛의 저 슈가처럼 사람들 입에서 녹아버리고
미약한 울림이 사방으로 흩어지자 공명 없는 뜬소문만 난무했다지

불법이라 낙인찍은 현수막 뒤에서
변호인 입회하에 사자 뺀 삼자 합의를 즐겼다지

느슨하게 감긴 크레인 줄처럼

울림의 파장은 언제부턴가 사자와 함께 소멸되었다지

한때 제 몸을 휘감았던
저 팽팽한

— 「울림의 파장」 전문

질곡의 현실과 소외의 광범위한 확산은 이 시편에서도 죽음 앞에 누그러지거나 계몽적인 결의나 저항만을 드러내지 못한다. '바지크레인 위에서 주먹을 움켜쥐거나/ 붉은 머리띠를 한 피사체들'로 치부되는 노동현장의 시위자들의 의당한 항거와 절규는 쉽게 받아들여지지 않는다. 오히려 교묘한 사측의 방해와 훼방으로 시위하는 '피사체들'은 그 소기의 목적을 이루지 못하고 '미약한 울림'을 지나 '공명 없는 뜬소문' 속에 애초에 성가를 올리던 '울림의 파장'은 흐지부지 되고 만다. 그리고 결국 '불법이라 낙인찍은 현수막 뒤'로 잊혀진 존재가 되며 급기야 '사자死者'가 되기도 한다.

강일규 시인의 이렇듯 냉철한 현실인식은 씁쓸한 비극적 전망을 함의하고 있다. 이는 '느슨하게 감긴 크레인 줄처럼/ 울림의 파장은 언제부턴가 사자와 함께 소멸'된다는 도저한 회의懷疑를 드러내면서 극에 달한다. 시인이 노동현실의 엄혹함과 간교한 협잡과 무리수가 난무하는 상황을 자포자기와 패배의식으로 합리화하지 않는 수단은 그런 현실을 핍진曲盡하게 그려내는 상황인식에 있다. 그렇게 포착된 시적 상황 속에는 고공농성의 피맺힌 구호와 지상의 사측 감시자들 간의 좁혀지지 않는 간극의 전개와 그 파국을 보게 된다. 시인의 이런 난망한 비극적 현장을 다룬은 현실에서의 좌절이 시 속에서는 새롭게 복기復棋되면서 새로운 실존적 결의와 울림을 재생시키는 효과를 재창출한다.

겨울밤 서울빛축제의 불꽃이 어둠을 탄주한다

지하 계단을 따라 내려온 빛은
눈을 감아도 꿈꿀 수 없는 사내의 한쪽 얼굴을 비추고

졸음에 취한 사내
골판지 바닥에 몸을 눕힌다
터진 손으로 아랫배를 쓸며 허기를 달래는 동안
겹겹이 덮은 신문을 뚫고 말릴 수 없는 추위가 등을 찌른다

맥박이 뛰지 않는 사내의 잠꼬대가

깨진 모자이크 벽 틈새로 사라지고

　　그날 밤 누군가는 사내의 빚진 몸부림을 보았을 것이다

　　서울역 무료급식소 앞
　　노숙자들 사이에 낀 사내는 옷섶에 묻은 간밤의 한기를 국밥 한 그릇의 뜨거운 김으로 털고 배를 채운다

　　사내가 햇살 아래로 흩어진다
–「불꽃놀이」 전문

　화려한 불꽃의 '빛축제'가 '어둠을 탄주'하는 이면에는 '졸음에 취한 사내가 골판지 바닥에 몸을 눕'히는 신산辛酸한 인생이 가리어져 있다. 그런 한뎃잠의 사람에게 '겹겹이 덮은 신문을 뚫고 말릴 수 없는 추위가 등을 찌'르는 고독의 밤이 만연하다. 얼핏 봐서는 사회적 낙오자, 혹은 그런 루저loser의 입장에 있는 사람이 처한 '빚진 몸부림'을 빛과 어둠의 대비 속에서 살핀 시편으로만 볼 수도 있다. 그러나 과연 그것이 '노숙자들 사이에 낀 사내'를 바라보는 시인의 눈길이 전부였을까. 아마도 그렇지만은 않을 것이다. 제목이 현시하는 것처럼 '불꽃놀이'는 모두를 위한 모

두의 것이 아니라 소위 가진 자나 주워진 자들의 계층이 주로 누릴 수 있는 도시문화의 일부일 것이다. 그런데 그런 시인은 그런 일반적인 관념에 약간의 균열을 내고 있는 것으로 보인다.

　가진 것 없는 박탈된 삶이, 그리고 다시금 '빚진 몸부림'이 아직도 그 자신을 괴롭히는 내쳐진 삶이라고 모두 '어둠'의 부류이고 그 전속全屬만은 아닐 것이다. 모종의 희망이 아직 잔존殘存한다고 믿는 고통스런 전망을 가진다면, '간밤의 한기를 국밥 한 그릇의 뜨거운 김으로 털고 배를 채운' 이 사내가 어둠이 아닌 '햇살 아래로 흩어'지는 엔딩ending장면은 인상적인 국면을 내다보게 한다. 어쩌면 사회적 유불리한 관계에 놓은 여러 부류의 사람들 각자에게 '놀이'로서의 삶이 아주 삭제되지는 않았다는 전망 같은 거 말이다. 그것은 일종의 비전vision으로서의 '불꽃'은 여전히 남아있는 것이 아닌가. 시인은 그런 조심스러운 그리고 나름의 동정어린 전망을 현실 곳곳의 질곡 속에서 '어둠을 탄주'하듯 시화詩化하는 일로서 말이다.

3. 너스레와 골계미滑稽美

　현실의 질곡桎梏과 도저한 부정성否定性에 체념하거나 손쉽게 야합하는 방편에 편승하지 않는 시인의 눈길은 좀 더 근원적인 곳에 닿아있다. 그것은 앞서 얘기한 연민憐憫의 정서를 골격과 근골筋骨이 있는 존재의 심성으로 우선 내면화하는 데서 시작된다.

현실의 부정적인 측면을 부정적인 언어와 고통의 문법文法으로 대응할 수도 있으나, 강일규의 시편 곳곳에서는 이런 즉각적이고 즉물적卽物的인 대응의 시어는 좀 더 완곡하고 너스레가 있는 풍유諷諭의 형태로 에두름을 선사한다. 완벽한 풍자의 시풍은 아니지만 그럼에도 시인이 담아내는 현실의 이런저런 얘기들은 삶을 파괴자에게 맡기지 않고 건설자에게 맡기는 따뜻한 풍모가 서렸다. 이것이 단순히 수사법상의 기술적 채용이 아닌 삶의 곡절들을 밝히는 그 인간적 연민의 촉수가 담아낸 시담詩談인 것은 자명하다.

    세월 돌다 보면 술자리에서 엇비슷한 연배를 만나 통성명을 하고 친해질 때가 있다 술 몇 잔 들어가면 내 목소리만 듣고 전라도에서는 *흐미 거시기한 놈, 허벌라게 방가부러* 하고 경상도에서는 *야 문디 시끼야, 니캉 내캉 친구 아이가* 한다

    당연히 내가 상촌 삼도봉 촌놈 출신인 줄 모르니 그럴 만도 하겠지만 나도 굳이 밝히지 않는다 따지고 보면 이 도 저 도 한 덩어리 아니겠나 싶어서

-「상촌」 전문

전라도도 경상도도 아닌 것, 어쩌면 그 둘을 아우르는 충청도 특유의 포용성을 보여주는 강일규의 시적 눈썰미는 이미 그 어수룩한 듯 상황을 적실하게 파악한 말부림에서 어눌한 듯 능란하게 드러난다. 골계미의 사전적 의미를 되새겨 보자면, '위대한 것을 헐뜯고 우세한 것을 깔아뭉개고 우아한 것을 실추시키려는 인간의 요구에 대응하는 미의식이다. 처음부터 이상적인 것을 추구하지 않으며 오히려 현실적 가치를 통해 그것을 부정함으로써 발생하는 미의식의 범주로써 일종의 모순에…'라는 골계미의 방향성에 비춰보면 시인의 시적 언술은 오히려 차분하고 명민하다. 그러면서도 에두르듯 세상사의 흥미로운 면면들을 그 착각의 상황들을 재밌게 담아낸다. 전라도 사람인 줄 알고 '흐미 거시기한 놈'이라 부르는 이도 있고 또 경상도 사람인 줄 착각하며 '야 문디 시끼야' 부르며 자신의 친구로 화통한다. 그런데 정작 화자는 '상촌 삼도봉 촌놈 출신인' 충청도내기인 것, 그러면서도 '이 도 저 도 한 덩어리 아니겠나 싶'은 풍자적 깨달음에 이른다. 유쾌한 힐난이 있지만 그 궁극엔 한바탕 너스레를 통해 의미있는 화해의 결말에 다가든다. 그러면서 시인은 뜬 세상에 시비분별로 사분오열하기 좋아하는 세속을 품어안는 연민의 마음바탕을 놓치지 않는다.

나는 물고기 소리를 들어본 적 없어

귀를 바짝 갖다 댔지만

물의 품속에 가두었는지
빠끔 빠끔

립싱크 금지 법안이 발의되었다는 긴급 뉴스에
물고기가 두 눈을 부릅뜨고

　　　　　　　　　　　　　－「립싱크」 부분

　수족관이라는 특정 상황에 놓인 숨탄것인 물고기를 통해 인간의 시속時俗을 반영하는 화자의 너스레는 일단 재미가 쏠쏠하다. 물고기의 물속 상황과 세속의 상황이 서로 대치될 때를 상정하는 이런 상황적 조작은 시인의 유쾌한 현실인식에 바탕을 둔 골계滑稽의 일종이지 싶다. '물의 품속에 가두었는지/ 빠끔 빠끔' 대는 물고기의 생태와 '립싱크 금지 법안이 발의되었다는 긴급 뉴스'의 세속적 상황을 가두리처럼 하나의 정황 속에 가둠으로써 소소한 풍자와 유머를 합작하는 눈썰미를 보인다.

　텃밭에 씨앗을 파종하자고 두서없이 아내는 성화다

　차일피일 미루다 콩을 심기로 은밀히 입을 맞추자 금

세 알콩달콩해진다

　나는 밭일할 때마다 모자를 쓴다

　보건복지부의 모자보호법 개정안에 따르면 모든 모자는 질의 효율성을 위해 바람구멍을 의무화했다는 소문이 있다

　모자로 풍선을 만드는 남다른 면도 있어 씨앗을 담은 풍선의 바람구멍으로 과녁을 겨누기도 한다

　한 번은 사정거리가 짧았고 한 번은 힘 조절 실패로 정곡에서 벗어났지만 세 번째 화살로 마침내 뚫린 과녁

　아내가 두둑에 구덩이를 파면
　나는 뒤따라가며 콩콩 날렸다

　콩 심은 데 팥 날까 걱정하는 나에게 뭔 헛소리냐며 날아든 아내의 화살을 맞기도 했다

　둔덕의 흙을 도톰하게 덮으며 우리의 대화는 생콩날콩 무르익었던 것이다

〈

　나의 친애하는 모자에서 콩 냄새가 나고

　　　　　　　－「세 번째 화살」 전문

　동음이의어homonym와 성적sexual 은어隱語가 조밀하게 넘나드는 이 시편은 구성진 육담을 평범한 텃밭 파종 이야기와 겹쳐놓는 너스레가 삶의 내밀한 사연을 여사여사하게 혹은 '알콩달콩해'지게 '밭일'의 일상사 속에 펼쳐 놓는다. 거기에 더해 무슨 '화살' 쏘는 이야기를 뜬금없이 꺼내 놓음으로써 이야기의 방향과 국면을 평범하지 않게 고조시키는 너스레가 만만치 않다. 한 행이 한 연聯으로 구성된 이 시편에서, 6행과 7행이 지닌 성적 희담戱談의 자못 능청스러운 비유의 언술은 우여곡절의 내막을 능란하게 유머러스하게 열어가는 화자의 입담을 능히 짐작케 한다. 근래 우리 시에서 많이 사라져 가는 이런 류의 성적 비유가 장착된 익살과 너스레의 언술은 서양 현대시에서 거의 보기 힘든 시적 포에지poesy의 여줄가리가 아닌가 싶다.

　앞서 '내가 상촌 삼도봉 촌놈 출신'이라는 지역적 태생을 고백했거니와 충청도 특유의 익살과 세상에 번져있는 성적 풍조를 은밀히 까발리는 풍자가 '생콩날콩 무르익'듯이 시적 방담의 '둔덕의 흙을 도톰하게' 돋아 놓는다.

　근원적으로 이런 강일규의 골계미가 번져가는 풍자와

익살의 시적 상황은 무엇보다 부정적인 현실을 체념과 염세의 그늘에만 가두지 않고 적극적으로 삶의 다양성 속에 개진해 보려는 긍정성肯定性의 활로이자 시적 포용의 또 다른 너름새라 할 수 있다.

4. 슬픔을 통한 존재의 구휼과 슬픔 너머의 사랑

슬픔은 슬픔을 유발하는 상황이나 다양한 감정 유발의 콘텐츠의 경우에만 한정된 것은 아니다. 슬픔이라는 푯말이나 패찰을 패용한 특정한 경우의 상황이 따로 있는 것만도 아닌 것 같다. 우리가 슬픔을 시로 노래하는 것은 그것이 본래적으로 시에 규정된 슬픔이라서가 아니라 그 슬픔을 통해 우리가 정화淨化되고 성찰할 수 있는 존재의 내밀한 덕목 같은 것이 배어 있기 때문이다.

과일은 과일대로 나는 나대로 하루를 데려간다

겨울빛이 까치발을 들고 슬금슬금 지나가고
흥정은 흥정으로 끝날 때가 많고

바람의 살갗이 차가워질수록 사람은 뜸해지고
야채는 간간이 줄어도 과일은 그대로 남는다

팔다 남은 과일에서
　　　상한 놈 몇 개 골라 아들에게 주곤 했는데

　　　이리저리 굴러다니다 멍든 놈이 더 맛있다는 것은
　　　나와 아들만 아는 비밀

　　　오늘은 아들 제사상 앞에 놓으려고
　　　제일 성한 놈으로 몇 개 골라 담는다

　　　보름달 주위를 떠도는 행성이
　　　노랗거나 붉다면 속아 줄 수 있겠지만
　　　달빛이 검다면 누가 믿어 줄까

　　　아들이라면 모를까

　　　　　　　　　　　　　　　－「기일」 부분

　과일상을 하는 화자의 이러저러한 조금은 신산한 과일 영업의 뒷얘기는 그대로 삶의 소소한 애환이지만 여기서 시가 그치지 않는다는 것, 슬픔은 그래서 '이리저리 굴러다니다 멍든 놈이 더 맛있다는 것은/ 나와 아들만 아는 비밀'이라는 지점에서 시적 변곡점變曲點을 맞는다. 때마침 그런 아들과 공유했던 과일상의 체험이 더 이상 함께할 수 없는 공유의 비밀이 되었다는데 삶의 슬픔은 더 완연해진다. 바로 '아들 제사상 앞에 놓으려고/ 제일 성한 놈으로 몇 개 골라 담는' 과일이 왠지 조금은 낯설 수도 있을 것이기에 말이다. 그럼에도 화자는 그리고 시인은 '보름달 주위를 떠도는 행성' 같은 아들에 대한 마음의 소통과 속삭임을 단념하지 않는다.

세상이 다들 그렇게 저렇게 화자와는 다른 얘기를 하더라도 그래서 세상 '누가 믿어 줄까' 회의가 들더라도 유일한 한 사람, '아들이라면 모를까' 하는 대목에서 이 시의 마무리는 닫히는 것이 아니라 밤의 창공으로 확 열린다. 슬픔이 눅진한 자기 함몰이나 처연한 체념의 넋두리에 한정되지 않는 이유는 강일규의 시적 눈길이 가닿는 지점이 나름 호활豪活하기 때문이다. 슬픔을 모진 삶의 결과물로만 받아들이지 않고 그걸 유전流轉하는 존재의 심미적審美的 확장과 심리적 각성의 매개로 삼는 데 능란하기 때문이다. 슬픔을 슬픔으로만 쓰거나 자기폄훼로 하강곡선을 그리지 않는 것, 오히려 그 반대로 주변 세계에의 이해와 소통의 출구를 넓히는데 강일규의 시적 너름새가 푼푼하다 하겠다.

장롱 속 깊숙이 넣어 두었던 사진첩을 꺼내 넘기다
보면

〈

걸음마를 막 뗀 아들이
푸른 잔디밭에서 뒤뚱뒤뚱 걸어오고

유치원 재롱잔치에서 딸아이가 엇박자로 따라 하는
율동에
웃음소리가 사진 사이사이로 박혔지만

뒷장으로 넘길수록
아이들은 사진첩에서 사라지고
우리는 다문 입으로 몇 개의 기념일을 들추다 만다

첫 장과 마지막 장 사이가 너무 멀고 낯설어

아내는 제 발등을 쳐다보고
나는 아내의 등을 바라보다

우리 사진 한 번 찍어 볼까?
　　　－「우리도 사진 한 번 찍어 볼까요?」전문

　청유형請誘形의 어사는 제목과 시의 마지막 연에서 '~볼까요?'와 '~볼까?'라는 언술을 통해 함께 하는 행위의 동의를 구한다. 그런데 이런 단순해 보이는 언사言辭는 이 시편에서 나름 여러 관계적 호전이랄까 남다른 세월의 연대連帶에 대한 웅숭깊은 시선을 이끌어내기에 이른다. 그 중요한 매개가 되는 것이 바로 '사진'이다. 사진은 이제 너무나 흔해빠진 매개이거나 매개물의 형식을 띠고 있지만 그 의미는 강일규의 끌밋한 눈길에 의해서 한층 새뜻한 매력의 물건이 된 느낌이다.

시인이 개괄概括하듯 '꺼내 넘기'고 있는 '사진첩에서 사라지'는 가족들의 근황을 연대기적으로 넘겨보는 이 시편은 '첫 장과 마지막 장 사이가 너무 멀고 낯설'어지는 나름의 세월을 품고 있다. 나이 듦과 자식들의 출가 등 여러 불가피한 변화의 기미 속에서 시인이 바라보는 것은 어쩌면 인생 사진이라는 유동적인 세월의 컷이 아닐까 싶다. 너무도 당연한 현실과 사진 속에서 재장구치게 되는 추억의 회감懷感, 그리고 언젠가 닥칠 미래의 불확실성 같은 것을 품어 보여주는 이 사진들을 시인은 편편篇篇의 시편들로 바라보는 것은 아닌가. 그리고 그 안에서 시인은 궁극적인 동행의 의미를 되새기고 있는 듯도 하다. 마지막 구절의 '우리 사진 한 번 찍어 볼까?'라는 물음 속에 슬픔과 연민이 존재의 연대와 실존적 구휼의 정서를 한껏 끌어올린다. 강일규의 이런 섬세하고 늡늡한 정서적 너름새는 지고지순한 사랑을 보편의 현실의 사랑으로 치환시켜 삶 속에 번져

놓기에 이른 것이다.

  우리가 사회 통념상의 구휼救恤이라고 할 때, 시혜적인 대상을 주체 밖에서 지정하는 경우가 대부분이다. 그러나 이런 통상의 관념적 시각을 좀 더 확장해 보면 강일규의 시적 행보와 그 너름새는 자신을 비롯해 다양한 사회적 불상사와 갈등의 국면을 수용하면서 내남없이 그 구휼의 정서를 확보해가는 통 큰 시력의 존재다. 시인은 그렇게 불민하고 불안한 시간의 곡절들을 다독이고 품으면서 사랑의 여력餘力을 세상으로 번져가는 중이다.

상상인 시선 036

그땐 내가
먼저 말할게

초판 1쇄 발행 | 2022년 11월 10일

지은이 강일규

펴낸곳 도서출판 상상인
펴낸이 진혜진
북마스터 이성혁 신상조
편 집 세종PNP
교 정 유현숙
표지디자인 신채훈

등록번호 제572-96-00959호
등록일자 2019년 6월 25일
주 소 06621 서울시 서초구 서초대로74길 29, 904호
전화번호 02-747-1367, 010-7371-1871
팩 스 02-747-1877
전자우편 ssaangin@hanmail.net

ISBN 979-11-91085-80-8 (03810)

값 10,000원

* 이 책은 세종특별자치시 여민락 세종시문화재단의 후원으로 2022년 전문예술 창작 지원사업 보조금을 받아 발간하였습니다.

* 이 책은 전부 또는 일부 내용을 재사용하려면 반드시 저작권자와 도서출판 상상인의 동의를 받아야 합니다.

* 이 책은 교보문고와 연계하여 전자책으로도 발간되었습니다.